N° _______

M _______________________________________

demeurant à _______________________________________

CARNET

DES

CONTRIBUTIONS DIRECTES

FONCIÈRE

PORTES ET FENÊTRES, PERSONNELLE, MOBILIÈRE

PATENTES

PRESTATIONS, CHIENS, CHEVAUX ET VOITURES, BALAYAGE

POIDS ET MESURES

Années 18____ 18____ 18____

PARIS

A. RAMÉ, IMPRIMEUR-ÉDITEUR, 6, RUE D'ABOUKIR

Ⓒ 1875

INSTRUCTION
POUR LA TENUE DU CARNET

Le premier soin du Contribuable qui fera usage de ce Carnet sera de remplir les blancs ci-après indiqués :

Le premier Carnet employé portera le nº 1 sur le premier feuillet. — Sur le même feuillet, on inscrira en grosses lettres : *les nom, prénoms, profession et domicile* du Contribuable et le *millésime* des années de durée du Carnet.

Le millésime sera indiqué en tête des pages 2. 3 et 4 et sur les 3 poches destinées à renfermer les documents administratifs.

Les documents relatifs aux contributions seront placés dans les poches qui suivent la page 4. Ces documents sont :

Les Feuilles d'Avertissement faisant connaître le montant des Contributions d'après les Rôles administratifs. les Sommations sans frais et avec frais, les Contraintes, les Lettres d'Avis du Préfet, du Sous-Préfet, du Maire et du Directeur général de l'Administration ; les Quittances délivrées par les Percepteurs, les Copies des Réclamations, le double des Notes adressées aux Percepteurs, aux Contrôleurs, aux Fermiers, aux Locataires et aux Concierges, etc., etc.

Aussitôt après la réception des Avertissements ou Feuilles de Contributions, le Contribuable inscrira en face de *chaque nature* de Contributions. le montant de la Contribution de l'année, en droits fixes, droits proportionnels et en centimes additionnels. Il remarquera que le principal des droits fixes et proportionnels. et le montant des centimes additionnels sont sur les Avertissements reliés par une accolade.

Aussitôt qu'il aura effectué un Payement, il en inscrira la date et le montant à la colonne : *Paiements effectués*. sans mentionner que le Payement porte sur telle ou telle Contribution. EXEMPLE : *Payé le 5 Avril 1875.*

Papeterie Dorville Paris

Imprimerie Lith. et Typ. de A. Rome, 6, rue d'Aboukir, Paris

Désignation des Contributions.	Montant.		Paiements effectués	
			Dates.	Montant.
Foncière				
Portes et Fenêtres.	(Droits fixes (, propart.els	}	Payé le	
Personnelle Mobilière	{		Payé le	
Patentes	(Droits fixes (, propart.els (Centimes add.els	}	Payé le	
Prestations			Payé le	
Chiens			Payé le	
Chevaux et Voitures				
Balayage			Payé le	
Poids & Mesures			Payé le	
Frais d'avertissements				
Total des Contributions.			Total des paiements	

Année 18

Désignation des Contributions.	Montant.		Paiements effectués	
			Dates.	Montant.
Foncière				
Portes et Fenêtres.	Droits fixes, proport.els		Payé le	
Personnelle Mobilière			Payé le	
Patentes	Droits fixes, proport.els, Centimes add.els		Payé le	
Prestations				
Chiens			Payé le	
Chevaux et Voitures				
Balayage			Payé le	
Poids & Mesures				
Frais d'avertissements			Payé le	
Total des Contributions.			Total des paiements	

Année 18

Papeterie Dorville Paris

Imprimerie Lith. et Typ. de A. Rome, 6, Rue d'Aboukir, Paris

Désignation des Contributions.	Montant.			Paiements effectués	
				Dates.	Montant.
Foncière				Payé le	
Portes et Fenêtres	Droits fixes				
	, proport.els				
Personnelle Mobilière				Payé le	
Patentes	Droits fixes				
	, proport.els				
	Centimes add.els			Payé le	
Prestations					
Chiens				Payé le	
Chevaux et Voitures					
Balayage				Payé le	
Poids & Mesures					
Frais d'avertissements				Payé le	
Total des Contributions.				Total des paiements	

PAPETERIE DORVILLE, 6, rue d'Aboukir. — Paris.

FORME ORDINAIRE

FORME REGISTRE.

BOITES A MINUTES ET A EXPÉDITIONS

NOUVELLE INVENTION DES BOITES dites INUSABLES devant en tissu verni imitant le maroquin vert, filets dorés et poignée cuivre.

Timbre à 1 fr. 20 { Hauteur.... 18 cent. / Façade..... 29 — / Profondeur. 22 — } LA DOUZ. 30 fr.

Timbre à 1 fr. 80 { Hauteur.... 20 — / Façade..... 35 — / Profondeur. 26 — } 33 fr.

Titre doré, chaque ligne en plus, par douzaine. 6 fr.
N. B. — Cette espèce de Boites ne peut se faire que sur les deux mesures indiquées plus haut.

BOITES ORDINAIRES, devant en papier maroquin, poignée cuivre.

Timbre à 1 fr. 20, grandeur comme ci-dessus 24 fr.
Timbre à 1 fr. 80, — — 27 fr.
Avec filets dorés, en plus. . . . . 6 fr.
N. B. — Ces Boites peuvent se faire sur mesure, pour des dimensions particulières et les prix en seront établis dans les meilleures conditions.

BOITES FORME REGISTRE, devant en peau garnie en parchemin, dorure et inscription sur maroquin.

	Dos simple.	Dos double.
Timbre à 1 fr. 20. . . la douz.	66 fr.	— 90 fr.
Timbre à 1 fr. 80. —	90 fr.	— 108 fr.

N. B — Ces boites peuvent se faire sur mesures spéciales, et les prix seront facturés au plus juste.

La fragilité des boites exige un emballage spécial en caisse; cette dépense est à la charge du Client, et sera comptée au prix de revient. prix minimum, 4 francs par douzaine.

Le prix des cartons ainsi que celui de l'emballage ne peut être compris pour atteindre le chiffre de cent francs qui donne droit à la franchise du port.

FABRIQUE SPÉCIALE DE CARTONS DE BUREAUX
DE TOUS GENRES ET DE TOUTES DIMENSIONS

PORTEFEUILLES POUR VALEURS ET PAPIERS D'AFFAIRES
GRAND ASSORTIMENT DE PORTEFEUILLES
A Échéances, pour Billets, etc.
SERVIETTES DE NOTAIRES ET D'AVOCATS, AVEC PATTE ET SERRURE
PROPRIÉTÉ BREVETÉ S. G. D. G. DU PORTEFEUILLE MULTIPLE

PORTEFEUILLES DE POCHE

LARGEUR, MESURE PRISE DU GRAND COTÉ.	10 c. fr. c.	11 c. fr. c.	12 c. fr. c.	13 c. fr. c.	14 c. fr. c.	15 c. fr. c.	16 c. fr. c.
Serviette de poche, chagrin fin.	2 »	3 50	4 »	4 50	5 »	5 50	6
Portefeuille — fermant à patte, chagrin fin.	3 25	3 75	4 75	5 25	5 75	6 50	7
Serviette — maroquin fin, doublé soie.	» »	» »	8 50	9 25	10 »	10 75	11 50
Portefeuille — — fermant à patte.	7 50	8 25	9 »	9 75	10 50	10 25	12
Serviette — — doublé étoffe, piqué tout autour.	» »	» »	» »	9 25	10 »	10 75	11 50
Portefeuille — — — fermant à patte.	» »	» »	» »	9 75	10 50	11 25	12
Serviette — maroquin extra, doublé peau	» »	» »	» »	14 »	15 »	16 »	17
Portefeuille — — — fermant à patte.	» »	» »	» »	15 »	16 »	17 »	18
Serviette — cuir de Russie.	14 »	16 »	18 »	20 »	23 »	26 »	29
Portefeuille — — fermant à patte.	15 »	17 »	19 »	21 »	24 »	27 »	30
— — — genre américain en maroquin anglais.	» »	» »	» »	21 »	24 »	27 »	30
— — — en cuir de Russie.	« »	» »	» »	25 »	29 »	33 »	37